Iris Rothweiler-Blättler

Dem Fluss des Lebens vertrauen

Iris Rothweiler-Blättler

Dem Fluss des Lebens vertrauen

Seelsorgerliche Predigten

Fromm Verlag

Cover image: www.ingimage.com

Publisher:
Fromm Verlag
is a trademark of
Dodo Books Indian Ocean Ltd., member of the OmniScriptum S.R.L Publishing group
str. A.Russo 15, of. 61, Chisinau-2068, Republic of Moldova Europe
Printed at: see last page
ISBN: 978-613-8-37360-5

INHALTSVERZEICHNIS

GOTTESDIENST ZUM 1. ADVENT

Maria durch ein Dornwald ging

Als Grundlage für diese Adventsbesinnung habe ich ein Adventslied ausgewählt, das schon vor sehr langer Zeit entstanden ist, nämlich im 16. Jahrhundert. Aber auch wenn dieses Lied schon vor langer Zeit entstanden ist, ist es nicht weniger aktuell. Es ist ein bekanntes Lied und Sie kennen es bestimmt. Es heisst: **Maria durch ein Dornwald** ging.

Wir wollen das Lied singen:

„Maria durch ein Dornwald ging,
Kyrie eleison.
Maria durch ein Dornwald ging,
der hat in sieben Jahren kein Laub getragen.
Jesus und Maria.

Was trug Maria unter ihrem Herzen?
Kyrie eleison.
Ein kleines Kindlein ohne Schmerzen,
das trug Maria unter ihrem Herzen.
Jesus und Maria.

Da haben die Dornen Rosen getragen,
Kyrie eleison.
Als das Kindlein durch den Wald getragen,
da haben die Dornen Rosen getragen.
Jesus und Maria.“

Liebe Gemeinde

In eindrücklichen Bildern spricht dieses Lied zu uns.
Mir scheint ein eigener Zauber in dieser Melodie zu liegen.
Macht sie nicht, dass wir Maria durch den Dornwald gehen sehen?

Lässt sie uns nicht etwas davon spüren, wie es ist, wenn wir auf unserem Lebensweg durch einen Dornwald gehen müssen?
In dieser Melodie liegt ja nicht nur Wehmut und Klage, sondern auch eine grosse Sehnsucht, dass die Dornen Rosen tragen mögen.

Wie mag das damals für Maria gewesen sein?
Sie trägt ein Kind unter ihrem Herzen; ein Kind, von dem sie ahnt, dass es ein besonderes Geschenk Gottes ist.
Auf wunderbare Weise kündigt sich Neues in ihrem Leben an, doch die Freude über dieses Kind ist überschattet:
Sie muss mit ihrem Verlobten Joseph nach Bethlehem zur Volkszählung gehen und findet dort „keinen Platz in der Herberge“ – so heisst es in der Bibel. Niemand will das junge Paar aufnehmen.
Zuerst der lange Weg und dann keine Unterkunft: eine dornenvolle, eine schwierige Angelegenheit.

Vielleicht ist es Ihnen in letzter Zeit auch so gegangen, dass Sie einen dornenvollen Weg zurückzulegen hatten. Ein Mensch, den Sie liebten, ist nicht mehr da - das schmerzt und tut weh. Oder eine Beziehung ist in Brüche gegangen – Worte fielen, die verletzten und schmerzten. Oder Sie oder jemand, den Sie gut kannten, ist plötzlich schwer erkrankt.
Solche schmerzhaften Begebenheiten können uns wie ein Weg durch den Dornenwald vorkommen.
Im Lied ist es ein Dornwald, der seit sieben Jahren kein Laub mehr Getragen hat; eine sehr lange Zeit! Es sieht so aus, als solle der Wald für immer dürr und unfruchtbar bleiben.

Das Lied erzählt aber etwas anderes. Dies ist in der zweiten Strophe beschrieben:
auf dem Weg durch den dornigen Wald trägt Maria ein Kind unter ihrem Herzen: inmitten widriger Umstände, in einer wahrlich lebensfeindlichen Umgebung kündigt sich neues Leben an.

Vielleicht haben Sie das auch schon erlebt: Als Sie mitten im Dunkel waren, sahen Sie plötzlich ein neues Hoffnungslicht.
Ich erinnere mich an zwei Menschen, die mir in diesem Jahr begegnet sind:
Ich denke an eine Frau: nach langem Kampf gegen eine unheilbare Krankheit lernte sie, zu ihrem begrenzten Leben JA zu sagen. Nach

langem und heftigem Widerstand war sie bereit zu akzeptieren, dass sie bald sterben musste. Sie lernte, Altes loszulassen. Sie bereitete sich auf eine neue Phase vor, sie setzte sich mit dem Sterben auseinander. Und sie versuchte, noch aus jedem Tag das Beste zu machen.
Ich erinnere mich an einen Mann: lange hatte er um seine verstorbene Frau getrauert. Er war unglücklich, hatte sich zurückgezogen. – Doch eines Tages spürte er, dass er nicht mehr länger in der Trauer verharren wollte. Er wollte sich neu orientieren, sich wieder dem Leben zuwenden.
Etwas Neues war in ihm gewachsen.

Manchmal müssen wir eine dornige Wegstrecke zurücklegen, damit Neues entstehen kann. Und dann kann unter schwierigen Umständen neuer Mut und neue Hoffnung entstehen.

Ja, dies ist die Botschaft von Weihnachten, die in diesem Lied beschrieben wird:
Inmitten schwieriger politischer Umstände wird ein Kind geboren.
Ein Kind, das den Menschen neuen Mut und neue Hoffnung schenkt.
Diese Aussage ist das Zentrum der Weihnachtsbotschaft.

Was für ein Wunder, wenn ein Mensch, der sich zuvor noch mitten in den Dornen sah, innerlich frei wird von solchen Dornenbildern. Sein Herz wird weit zu lieben und Liebe zu empfangen. Er kann wieder glauben, dass die Liebe die grosse Kraft ist in unserem Leben.

Maria muss später noch manchen dornenvollen Weg gehen.
Wir werden sie unter dem Kreuz finden, an dem Jesus gekreuzigt wird.
Und wir sehen sie nachher beim offenen Grab. – Dornen, schwierige Wegstücke gehören immer wieder zum Leben.
Mag uns dieses Lied Hoffnung schenken, dass auch bei uns die Dornen immer wieder Rosen tragen. Mögen wir darauf vertrauen, dass das Leben stärker ist als alles Schwere, dass Vertrauen und Lieben den längeren Atem haben als Misstrauen und Hass.

Lassen Sie mich zum Schluss Gedanken von Martin Luther King vorlesen:
Gott ist mächtig.
Ist jemand unter uns, der über den Tod eines geliebten Menschen verzweifelt ist?
Warum verzweifeln?
Gott kann die Kraft schenken,

das Leid zu tragen.
Sorgt sich jemand um seine Gesundheit?
Warum sich sorgen?
Komme, was mag, Gott ist mächtig.
Wenn unsere Tage verdunkelt sind
und unsere Nächte finsterer als tausend Mitternächte,
so wollen wir stets daran denken, dass es in der Welt
eine grosse segnende Kraft gibt, die Gott heisst.
Er kann Wege aus der Ausweglosigkeit weisen.
Er will das dunkle Gestern in ein helles Morgen verwandeln-
zuletzt in den leuchtenden Morgen der Ewigkeit.

GOTTESDIENST ZUM 2. ADVENT

ENGEL

Lesung: Text von Christa Spilling-Nöker

Warte nicht darauf,
dass aus den Wolken
zu dir ein Engel hinabsteigt
mit lockigem Haar
und Flügeln aus Gold.

Nimm seine Stimme wahr
in jedem Wort, das dich wärmt,
in jedem Gedanken,
der dich aufrichtet,
in jeder zärtlichen Geste
die dein Herz berührt.

Liebe Gemeinde

Bei meinen Besuchen bei den Patienten sehe ich häufig, dass ein Engel im Zimmer steht: sei es ein kleiner oder grösserer, aus Ton oder einem anderen Material. Ein Besucher bringt einen Engel – einen Schutzengel- mit und hofft, dass dieser den Patienten beschütze und behüte.- Der Engel soll beschützen, dass die Operation gut gelingt und dass der Patient/in sich nachher gut erholt.

Wie häufig sagen wir doch auch, wenn wir eine gefährliche Situation überstanden haben: da hast du aber einen guten Schutzengel gehabt. Sogar in der Werbung und auf Plakaten sind neuerdings solche Schutzengel anzutreffen.

Während man lange Zeit bei unserem naturwissenschaftlichen Denken nicht mehr von Engel gesprochen hat, ist heute das Reden von Engeln wieder beliebt. Schauen sie sich nur in den Buchhandlungen all die Bücher und Kalender über Engel an.

Darum habe ich beschlossen, für diese Feier das Thema Engel zu nehmen. Bietet sich die Advents- und Weihnachtszeit doch geradezu an, über Engel zu reden. Denn auch in der Bibel ist bei den Texten zur Weihnachts- und Adventszeit häufig von diesen Boten Gottes die Rede.

Es gibt ein Bild von Fra Angelico, einem Maler der italienischen Früh-Renaissance. Sein Titel lautet: die Verkündigung.
Auf diesem Bild ist der Engel dargestellt, der Maria verkündet, dass sie einen Sohn gebären werde, dem sie den Namen Jesus geben solle.

Ich lese ihnen die Bibelstelle aus Lukas 1 vor:
26 *Im sechsten Monat aber wurde der Engel Gabriel von Gott in eine Stadt mit Namen Nazareth gesandt 27 zu einer Jungfrau, die Maria hiess.*
28 Und er trat bei ihr ein und sprach: Sei gegrüsst, du Begnadete, der Herr ist mir dir! – 29 Sie aber erschrak über dieses Wort und sann drüber nach, was dieser Gruss wohl zu bedeuten habe. 30 Und der Engel sagte zu ihr: Fürchte dich nicht, Maria, denn du hast Gnade gefunden vor Gott: 31 du wirst schwanger werden und einen Sohn gebären und du sollst ihm den Namen Jesus geben

Während viele Abbildungen, die wir von Engeln sehen, die Engel eher lieblich, manchmal vielleicht sogar etwas kitschig darstellen, ist der Engel, von dem hier bei Lukas die Rede ist, real und für Maria völlig unerwartet. Sie erschrickt ab der Anrede dieses Boten, der sie da begrüsst.
Dieses Erschrecken ist ein häufiges Zeichen, wenn in der Bibel Engel einem Menschen begegnen: der Mensch erschrickt. Genauso geschieht es in der Weihnachtsgeschichte, in der ein Engel den Hirten erscheint: sie fürchten sich.
Und jedes Mal lautet die Botschaft des Engels: **hab keine Angst, fürchte dich nicht.**
Es ist nichts harmloses und liebliches, wenn Gott in Form eines Engels zu den Menschen spricht. Es ist ein Erschrecken, weil da eine neue und andere Dimension in das Leben eines Mensche bricht.
Und doch ist die Botschaft des Engels eine positive: fürchte dich nicht! Er verkündet, dass das Leben eine neue Richtung einnimmt, dass Gott diesem Leben eine neue Wendung gibt.
Das Einbrechen dieser anderen Wirklichkeit erschreckt, aber es macht auch demütig. – Ich sehe dies im Bild, wie Maria ihre Hände auf ihr Herz legt und ihren Kopf ein wenig nach vorne neigt.

Vielleicht sind wir gerade wenn wir krank sind, im Spital liegen und Zeit haben, offen und empfänglicher für diese andere Dimension. Vielleicht aber waren wir auch schon angerührt, als wir eine Geburt erlebten oder als ein Mensch starb. -

Engel kommen aber auch in der Bibel als Engel, die den Menschen beschützen vor: so steht im Psalm 91: Gott wird seinen Engeln gebieten, dich zu behüten auf allen deinen Wegen.
Diesen Gedanken hat auch Johann Sebastian Bach aufgenommen in der Bach- Kantate 149. Hier heisst es:

Gottes Engel weichen nie,
sie sind bei mir allerenden.
Wenn ich schlafe,
wachen sie,
wenn ich gehe,
wenn Ich stehe,
tragen sie mich auf den Händen

Mich berührt dieses Bild, das Bach hier zeichnet,
Engel tragen ihn die ganze Zeit seines Lebens auf Händen in der Nacht und am Tag. Bach vertraut darauf, dass er im dunkeln und hellen Tagen getragen ist.

Wenn wir in dieser Geborgenheit leben können, können wir manchmal zu Schutzengel von Menschen werden, denen es schlechter geht als uns.
Und dies ist ja auch - in ganz einfachen Worten ausgedrückt,
die Weihnachtsbotschaft:
dass Gott bei uns ist, in dunklen und in hellen Tagen und uns beschützt.
Und dass wir diese Liebe weitertragen zu unseren Mitmenschen und in die ganze Welt.

GOTTESDIENST ZUM 3. ADVENT

EIN LICHT ANZÜNDEN

Liebe Gemeinde,

am nächsten Samstag wird der kürzeste Tag und somit auch die längste Nacht von diesem Jahr sein. Nicht umsonst fällt die Weihnachtszeit mit all den vielen Lichtern in die dunkelste Jahreszeit. Auch andere Kulturen feiern in dieser dunklen Zeit Lichterfeste.
Nach Licht im Dunkeln, nach Helle in der dunklen Advents- und Weihnachtszeit sehnen sich viele Menschen:
Nach Licht, das die äußere Dunkelheit erhellt. Vielleicht aber auch nach Licht, das die innere, seelische Dunkelheit erhellt:
ich stelle mir Menschen vor, die in dieser dunklen Zeit um einen lieben Verstorbenen trauern.
Oder ich denke an die langen Nächte, die Gesunde und Kranke erleben, wenn sie nicht schlafen können.
Oder mir kommen all die Kinder in den Sinn, die von ihren Schulkameraden gehänselt werden, weil sie anders sind: weil sie eine andere Hautfarbe haben, weil sie eine andere Sprache sprechen.....

Viele Menschen sehnen sich nach Licht, äußerlich und innerlich: Ein kleines Licht schon, das Licht einer Kerze, kann auch ein großes Dunkel hell machen und die Angst mindern oder wegnehmen. Ein Licht strahlt Wärme aus. Wärme für den Körper, aber auch Wärme für die Seele. Das erleben wir in den Stunden der Advents- und Weihnachtszeit, die ohne Kerzen nicht vorstellbar wären. Das erleben wir in der Osternacht, wo das Licht symbolisch den Sieg über die Dunkelheit davonträgt.

Wir brauchen das Licht. Wir haben es nötig, dass uns immer wieder ein Licht aufgeht: seelisch, dass die Hoffnung sich durchsetzt. Geistig, dass wir Orientierung bekommen.

Franz von Assisi hat einmal gesagt:
Gegen die Nacht ankämpfen kannst du nicht,
aber du kannst ein Licht anzünden.

Gegen die Nacht ankämpfen kannst du nicht:
nehmen wir diesen Satz einmal ganz wörtlich:
wenn es Nacht ist, können wir sie nicht vertreiben;
wir müssen warten, die Nacht aushalten, bis ein neuer Morgen sich ankündigt. Wir können aber auch mitten in der Nacht ein Licht anzünden, ein Zeichen der Hoffnung setzen.

Lassen Sie mich am Adventskranz ein Licht anzünden und drei Beispiele von Hoffnungszeichen nennen:

Erstens: In Israel, im Land, in dem Jesaja seine Prophetenworte sprach, herrscht Unfrieden: Israelis und Palästinenser sind zerstritten, bekämpfen sich. Trotzdem gibt es Menschen, die sich dort für den Frieden einsetzen. Zum Beispiel die palästinensischen Friedensaktivistin Sumaya Farhad-Naser: sie gestaltet Weiterbildungen, in denen junge Menschen lernen, Gewalt nicht mit Gewalt zu vergelten. Denn sie weiss aus Erfahrung: Dunkles bringt nur Dunkles hervor. Die Nacht führt nur in noch dunklere Nacht. Hass erzeugt nur neuen Hass. Und - dass es darum geht, diesen Kreislauf zu durchbrechen. Das lernen die Menschen in ihren Kursen.
Ein Licht anzünden – ich zünde das erste Licht am Adventskranz an.

Zweitens: Da ist eine 40 jährige Frau. Sie war noch nie ernsthaft krank, hat immer gesund gelebt und plötzlich ist da die Diagnose Krebs. Die Frau muss ins Spital, wird operiert.
Hier hat sie viel Zeit nachzudenken:
werde ich wieder gesund?
Kann ich nachher so weiterleben wie bisher?
Aber sie hat Hoffnung, Hoffnung auf Besserung.
Sie realisiert, dass Gesundheit ein kostbares Gut ist.
Und sie spürt, dass ihre Familie und ihr Glaube ihr Kraft geben.
Ein Licht anzünden – das zweite Licht wird angezündet.

Drittens: Heute Sonntag wird wieder das Friedenslicht aus Bethlehem nach Zürich gebracht. Der Grundgedanke des Friedenslichtes lautet:

«Ein Licht anzünden ist nicht viel. Aber wenn alle es tun, wird es heller."
Die Aktion will Brücken bauen zwischen Menschen jeden Alters, zwischen verschiedenen Kulturen und Religionen sowie zwischen Gesunden und Kranken.

Ein Licht anzünden ist nicht viel, aber wenn alle es tun, wird es heller.
Ich zünde das dritte Licht an.

Viertens: eigentlich ist heute erst der dritte Advent. In Hinblick auf den vierten Advent wollen wir auch das vierte Licht anzünden. Vielleicht haben sie ein persönliches Licht der Hoffnung.
Vielleicht haben sie auch eine ganz persönliche Bitte oder einen Wunsch in Bezug auf dieses Licht.
Nach einem Moment der Stille wollen wir in Hinblick auf den vierten Advent das vierte Licht anzünden.

Gegen die Nacht ankämpfen kannst du nicht,
aber du kannst ein Licht anzünden.

An Weihnachten ist Gott Mensch geworden und hat so Licht und neue Hoffnung in die Welt gebracht. Die Weihnachtsbotschaft kommt mitten in die Dunkelheit menschlichen Lebens.
Sie will uns neue Hoffnung schenken.

Sie will uns Mut machen, an unserem Platz ein Licht anzuzünden und so etwas von Gottes Liebe weiterzutragen.

GOTTESDIENST ZUM 4. ADVENT

VIER KERZEN

Liebe Gemeinde

Diesen Gottesdienst will ich mit einer Geschichte beginnen. Und weil heute der 4. Advent ist, heisst diese Geschichte:
Die vier Kerzen. Sie stammt von einem unbekannten Autor.

Vier Kerzen brannten am Adventskranz. Es war ganz still. So still, dass man hörte, wie die Kerzen zu reden begannen.
Die erste Kerze seufzte und sagte: "Ich heisse **Frieden**. Mein Licht leuchtet, aber die Menschen halten keinen Frieden, sie wollen mich nicht." Ihr Licht wurde immer kleiner und verlosch schliesslich ganz.
Die zweite Kerze flackerte und sagte: "Ich heisse **Glauben**. Aber ich bin überflüssig. Die Menschen wollen vom Gott des Lebens nichts wissen. Es hat keinen Sinn mehr, dass ich brenne." Ein Luftzug wehte durch den Raum, und die zweite Kerze war aus.
Leise und sehr traurig meldete sich nun die dritte Kerze zu Wort: "Ich heisse **Liebe**. Ich habe keine Kraft mehr zu brennen. Die Menschen stellen mich zur Seite. Sie sehen nur sich selbst und nicht die anderen, die sie liebhaben sollen." Nach einem letzten Aufflackern war auch dieses Licht ausgelöscht.
Da kam ein Kind in das Zimmer. Es schaute die Kerzen an, erschrak und sagte: "Aber, aber, ihr sollt doch brennen und nicht aus sein!" Beinahe fing es an zu weinen.
Da meldete sich auch die vierte Kerze zu Wort. Sie sagte: "Hab keine Angst! Solange ich brenne, können wir die anderen Kerzen wieder anzünden. Ich heisse **Hoffnung.**" Mit einem Streichholz nahm das Kind Licht von dieser Kerze und zündete die anderen Kerzen wieder an.

Liebe Gemeinde,

Vieles ist im Argen mit unserer Welt und gerade auch dieses Jahr ist viel Schlimmes und Trauriges geschehen: Krieg und Terror, Corona, das die

Welt in Atem hält, die vielen Flüchtlinge, die nach Europa strömen, um nur wenige Ereignisse zu nennen.

Dieses Schwierige und manchmal auch Hoffnungslose beschreibt auch diese Geschichte:
Die Kerze, die **Frieden** heisst, glaubt nicht mehr daran, dass sie Frieden bringen kann und dass die Menschen Frieden halten können.......-vielleicht spricht aus dieser Kerze auch ein Teil von uns?

Die Kerze, die **Glauben** heisst ist überzeugt, dass die Menschen vom Glauben nichts mehr wissen wollen.

Die Kerze der **Liebe** hat keine Kraft mehr zur Liebe und denkt, die Menschen seien zu egoistisch und glaubten nicht mehr an die Liebe.

Nur die Kerze, die **Hoffnung** heisst, glaubt noch an die Zukunft. Und mit Kraft der Hoffnung, fangen auch die anderen Kerzen wieder an zu brennen. Dank der Hoffnung, hat die Resignation ein Ende.

Aber was ist Hoffnung eigentlich?

Ich versuche, diese Frage in drei Punkten zusammenzufassen:

Erstens: Hoffen heisst erwarten, dass sich verwirklicht, was man sich wünscht.
Hoffen kann man auf etwas hin, das noch nicht ist.
Auf ein Ziel hin hoffen kann auch Energie frei setzen: Energie, etwas Schweres auszuhalten, zum Beispiel eine schwere Krankheit. Immer wieder gibt es Patienten, die dank ihrer Hoffnung eine Krankheit durchstehen. Weil sie wieder nach Hause wollen, zu Ihren Angehörigen und das gibt Ihnen Kraft, durchzuhalten.

Zweitens: Hoffen ist nicht ängstliches Abwarten sondern bedeutet trotz Rückschlägen immer wieder Zuversicht entwickeln.

Vor gut zwei Jahren ist Nelson Mandela verstorben. Während seines Lebens war er 27 Jahre im Gefängnis – eine unglaublich lange Zeit. Aber er hat durchgehalten, er hat immer an seine Hoffnung geglaubt: dass es ein Südafrika geben werde, das alle Menschen: schwarze, weisse, farbige – als gleichwertig anerkennt.

Seine Hoffnung und sein ganzes menschliches Geschick hat ihn am Leben gehalten.

Drittens: Zuletzt möchte ich ihnen eine Spruch von Vaclav Havel zitieren. Er lautet:

Hoffnung ist nicht die Überzeugung dass etwas gut ausgeht, sondern die Gewissheit, dass etwas Sinn hat, egal wie es ausgeht.

An diesem Spruch hat mich fasziniert, dass die Hoffnung nicht an einen guten Ausgang gebunden ist. Entscheidend ist für Havel, dass etwas Sinn hat – egal wie es ausgeht. Das würde heissen, dass ich auch schwierigen und dunklen Situationen einen Sinn geben kann.

Dietrich Bonhoeffer – ein bekannter christlicher Theologe- hat genau diese Haltung gelebt. Er wurde im 2. Weltkrieg gefangen genommen und er hat seine Mitgefangenen durch seine stets gefasste Haltung beeindruckt.

Hoffnung ist die Gewissheit, dass etwas Sinn hat, egal wie es ausgeht.

An Weihnachten ist Gott Mensch geworden. So hat er neue Hoffnung in die Welt gebracht. Diese Botschaft will uns allen Mut machen, immer wieder an die Hoffnung zu glauben und sie in unserem Leben umzusetzen.

GOTTESDIENST ZU WEIHNACHTEN

O DU FRÖHLICHE

Liebe Gemeinde,

für die heutige Adventsfeier habe ich als Grundlage der Besinnung ein Ihnen bestimmt wohlbekanntes Weihnachtslied ausgewählt: es ist das bekannte Lied „o du fröhliche“.

Über dieses Lied will ich einige Gedanken machen. Wir kennen das Lied – aber kennen wir auch die Hintergründe davon?

Ich weiss nicht, ob sie heute fröhlich oder traurig gestimmt sind – Johannes Falk, der Dichter dieses Liedes, das so fröhlich und beschwingt klingt, war selber nicht in einer fröhlichen Lebenslage, als er dieses Lied komponierte. In den Kriegswirren der Napoleonzeit erlebte er die Not der Kinder und Waisen. Verwahrloste Jugendliche wurden von der Polizei einfach ins Zuchthaus gesteckt.
Als 1813 eine Seuche ausbricht, sterben drei eigene Kinder von Johannes Falk. Nachdem ein viertes Kind von ihm zu Grabe getragen wird, bricht Johannes Falk zusammen und erkrankt schwer. Seine Genesung nach bangen Wochen erlebt er als Weisung Gottes. Er sieht es als Zeichen Gottes, den eigenen ungeheuren Schmerz zu überwinden und fortan den Schwächsten der Schwachen beizustehen: den vielen Kriegswaisen. Von nun an nimmt Johannes Falk heimatlose Kinder in seinem Haus auf oder er vermittelt sie an Familien.
Mit der Zeit kommen immer mehr Kriegswaisen in sein Haus.
Für diese Kinder dichtet er im Jahre 1816 das Weihnachtslied „O du fröhliche“ - allerdings nur die erste Strophe.
Sein Gehilfe Heinrich Holzschuher schrieb später die beiden anderen Strophen.

Wir singen nun die erste Strophe:

Es ist schon erstaunlich: diese erste Strophe umfasst nur sechs Worte:
Welt ging verloren
Christ ist geboren.

Mit diesen Worten ist aber die ganze Weihnachtsbotschaft zusammengefasst.

Dass die Welt verloren ist oder verloren geht , leuchtet ein. Ich könnte jetzt eine lange Liste negativer Tatbestände aufstellen: an vielen Orten dieser Welt herrscht Krieg; viele Menschen leiden unter Hunger und Armut; usw.....die Welt, in der wir leben, ist alles andere als heil. Und vielleicht ist auch bei ihnen in ihrer privaten Welt ein Unheil passiert: vielleicht haben sie plötzlich erfahren, dass sie eine unheilbare Krankheit haben und dass ihre Lebenszeit beschränkt ist. Oder sie haben mit einem Mitmenschen eine enttäuschende Erfahrung gemacht......

Dass aber in Bethlehem ein Kind geboren wurde, ist so etwas wie eine Gegenbewegung . Da wird ein Kind geboren, das Frieden und neue Hoffnung bringen soll – mitten in unsere unheile Welt. Da taucht mitten im Dunkel ein Licht auf.

Wir singen die zweite Strophe.

Christ ist erschienen
Uns zu versühnen – so lautet diese Strophe.

„Warum ist das gerade mir passiert“ – so fragen sich öfter Patienten. Ich habe mir Mühe gegeben, ein anständiges Leben zu führen – und jetzt hat ausgerechnet mich eine unheilbare Krankheit getroffen. Warum ausgerechnet mich?
Liebe Gemeinde, ich habe Verständnis für diese Fragen. Ich höre dahinter die Verzweiflung, die Trauer, die Auflehnung und die Wut. Nur – es ist schwierig, darauf eine Antwort zu geben. Vieles, was wir erleben, erscheint sinnlos, ungerecht. Wenn es überhaupt eine Antwort gibt, dann können wir sie nur uns selber geben – vielleicht auch erst viel später. -Auch Jesus hat am Kreuz gelitten: für mich ein Zeichen, dass auch das Leiden, das Dunkle zum Leben gehört. Ein Hinweis darauf, dass Gott uns auch in dunklen und schwierigen Lebensabschnitten nicht im Stich lässt. Ein Zeichen, dass Gott gerade im Dunkeln bei uns ist.

Eine Psychotherapeutin hat einmal geschrieben: „ Es ist unsere Wahl, ob wir ein Leben lang mit unserem Schicksal hadern, oder ob wir den Weg der Versöhnung suchen“. Versöhnung mit dem Schicksal, Versöhnung mit anderen Menschen geschieht meist nicht von heute auf morgen. Damit echte Versöhnung möglich ist, braucht es viel Zeit, einen langen Weg und Bereitschaft von beiden Seiten. – An Weihnachten hat sich Gott durch seinen Sohn mit uns versöhnt – ein Zeichen, dass auch in unserem Leben Versöhnung möglich ist.

Wir singen nun die dritte Strophe:

Himmlische Heere
Jauchzen dir Ehre

Auch diese Strophe erinnert an die Weihnachtsgeschichte: plötzlich sind da bei dem Engel die himmlischen Heerscharen und loben Gott. – Dieses Lob wird in unserem Lied auch am Ende jeder Strophe aufgenommen: freue dich o Christenheit.

Freude und Fröhlichkeit vermittelt aber auch der Anfang jeder Strophe: Hier wird direkt die Weihnachtszeit besungen: sie soll fröhlich, selig und gnadenbringend sein.

Im Kind von Bethlehem wendet sich Gott uns zu. Und darum dürfen wir fröhlich sein. Die Weihnachtsbotschaft von der Freude fällt nicht aus, weil es in unserer Welt so viel Leid, Tränen, Angst und Sorge gibt. Die Weihnachtsbotschaft kommt mitten in die Dunkelheit menschlichen Lebens. Sie will uns Hoffnung und neue Kraft schenken. Sie will uns Mut machen, an unserem Platz ein Licht anzuzünden.

In diesem Sinn wünsche ich ihnen von Herzen eine frohe Advents- und Weihnachtszeit.

GOTTESDIENST ZUM TAG DER KRANKEN

LACHEN IST GESUND

Lesung: aus Prediger 3

Für alles, was auf der Erde geschieht, gibt es seine Zeit:
Zeit zum Gebären und zum Sterben
Zeit zum Pflanzen und Zeit zum Ausreissen
Zeit zum Reden und Zeit zum Schweigen
Zeit zum Weinen und Zeit zum Klagen
Zeit zum Lachen und Zeit zum Danken.
Für alles, was auf der Erde geschieht, gibt es seine Zeit:

Liebe Gemeinde

Im Jahr 1939, kurz vor Ausbruch des 2. Weltkrieges, rief die Waadtländer Ärztin Marthe Nicati den Tag der Kranken ins Leben. Sie legte diesen Tag auf den ersten Sonntag des Monats März als Zeichen des anbrechenden Frühlings.
Ihr Ziel war es, den Anliegen kranker Menschen mehr Gehör zu verschaffen. Der Tag der Kranken sollte hierfür einen Impuls bilden - wie ein Sonnenstrahl der Hoffnung, der das winterliche Eis der Krankheit taut.

Als Thema zum heutigen Tag der Kranken habe ich das Thema Lachen gewählt:
LACHEN verbindet,
Lachen ist ansteckend, und
schenkt Glücksmomente.

Vielleicht denken sie jetzt: ist es nicht unangebracht, über Lachen zu reden, hier im Spital, wo Menschen Schmerzen haben, sich schlecht fühlen, leiden....?
Und tatsächlich: lachen kann heikel sein.
Vielleicht ist mir nicht gerade ums Lachen zumute, wenn ich krank bin....Gerade wenn ich schwer krank bin, habe ich vielleicht lieber meine Ruhe und will nicht aufgeheitert werden. Und in gewissen Momenten, zum Beispiel an einem Sterbebett, ist Lachen sicher nicht angebracht.

Aber: lachen kann auch befreien, lösen.Es kann gut tun, wenn man trotz der Krankheit auch lachen kann: das Schwere wird weniger schwer, wird etwas leichter.
Oder es tut gut, wenn man krank ist und andere einem mit einem fröhlichen Lächeln begegnen.
Dem Lachen oder Lächeln gehört etwas Spielerisches an und es führt zur Erleichterung. Wir alle können dies im Alltag erleben. Man wird einen Augenblick abgelenkt von eigenen Gedankengängen – im Krankheitsfall von Grübeleien – und kann eine längere oder kürzere Weile etwas Beglückendes, Befreiendes empfinden. Wer wünschte sich das nicht!

Darum erzähle ich ihnen jetzt einen kurzen Witz. Witze sind ja seit jeher da, um Menschen zum Lachen zu bringen.
Ein Pfarrer fährt freihändig Velo.
Kommt ein Polizist und sagt:
„Freihändig fahren ist verboten und kostet 30 Franken."
Da antwortet der Pfarrer: „Gott lenkt mich."
Darauf der Polizist: „Macht 60 Franken. Zu zweit fahren ist verboten!" 1)

Sie haben gelacht, das ist gut.
Denn eben: lachen ist ja heute das Thema. Lachen, das der Seele gut tut. Ich denke, es braucht ein feines Gespür, wann es gut ist mit einem Kranken zu lachen und wann nicht.
Und doch dürfen wir auch lachen, Humor erleben und die Buntheit des Lebens zulassen – jedes Ding hat seine Zeit – wie wir es ja schon in der Lesung gehört haben.
Und : wir alle können mit einem Lächeln solche Glücksmomente schenken. Denn längst ist erkannt, dass Lachen und lächeln den Heilungsprozess fördern kann. Gerade bei chronischen Schmerzen oder bei Demenzerkrankungen können positive Wirkungen beobachtet werden. Lachen ist verbunden mit Humor und Witz – und das tut in vielen Situationen gut.

Aber wir wollen nun noch die andere Seite der Medaille anschauen: das Weinen. In der Bibel gehören Weinen und Tränen genauso zum Leben wie das Lachen und das Fröhlich-sein. Tränen der Schmerzen und der Trauer, Tränen der Reue und der Wut. Aber auch Tränen der Freude kommen in der Bibel vor. Vielleicht erinnern sie sich daran, dass Josef vor Freude weinte, als er seine Angehörigen wieder sah.

Tränen können klären und lösen.
Im Psalm 56 kommt noch ein ganz besonderes Bild vor: hier heisst es: sammle meine Tränen in einem Krug.
Das scheint mir eine sehr schöne Vorstellung: Gott soll all meine Tränen in einem Krug sammeln, wie etwas sehr Kostbares. Ein Tonkrug war ja damals etwas sehr Wertvolles: er diente dazu, Wasser zu holen, was ein sehr kostbares Gut war. Und in einem solchen Krug soll nun Gott unsere Tränen sammeln.
Häufig gehen wir ja anders mit Tränen um:
Wir wischen sie weg,
wir schämen uns für sie.
Aber: unsere Tränen sind Gott nicht lästig: sie gehören genauso zu uns und unserem Leben – wie das Lachen und die Lebens-freude. Erst beide Seiten machen das ganze Leben aus.
Auch Tränen können lösen, befreiend wirken.

Weinen hat seine Zeit und lachen hat seine Zeit – so heisst es beim Prediger.
Lachen und weinen
Beides gehört zusammen. Beide gehören zu unserem Leben. Am besten sehen wir das bei Kindern: ein Kind kann umfallen, sich wehtun und schon bald wieder kann es lachen.

Charlie Chaplin hat einmal gesagt:
„Jeder Tag, an dem du nicht lächelst, ist ein verlorener Tag."

Mir scheint, das sei eine grosse Lebensweisheit.
Fast jeden Tag gibt es etwas zu lächeln, etwas, worüber wir uns freuen können: eine positive Begegnung, eine Blume, die nach dem Winterschlaf wieder blüht.

Papst Johannes XXIII , der menschenfreundliche und offene Papst soll erzählt haben, dass er oft nicht schlafen konnte wegen der vielen Aufgaben, die er hatte. Immer dann hätte ihm sein Schutzengel zugeflüstert: „Ach Johannes, nimm dich nicht so wichtig!" Und er wäre gut eingeschlafen.
Humor kann uns zu einer heitere Gelassenheit und zu *heilsamer Distanz* zu uns selbst helfen.

Lassen sie mich mit einem Satz von Anselm Grün schliessen. *Er schreibt: „Lass dich vom Engel des Humors mit Gelassenheit und Leichtigkeit erfüllen!*
Und erlaube dir, so zu sein, wie du bist, und über dich zu lächeln."2)

---

1) zitiert nach Tilmann Luther, Visp
2) Aus: Anselm Grün, 50 Engel für die Seele, Herder, Freiburg, 2017

GOTTESDIENST ZUM

KARFREITAG : ERSCHÜTTERUNGEN

Liebe Gemeinde,

Karfreitag – Ostern – das ist nicht nur ein verlängertes Wochenende oder Osterhasen und Ostereier.
Karfreitag – das ist ein Tag tiefster Gottverlassenheit und grösster Dunkelheit.

Das Wort:
Mein Gott, mein Gott, warum hast Du mich verlassen – ist wohl das bekannteste Wort Jesu am Kreuz.
Ein Wort der Verzweiflung, ein Wort der Erschütterung.
Mein Gott, mein Gott, warum hast du mich verlassen-
Ein Schrei der Verzweiflung, ein Schrei der Verlassenheit.
Mein Gott, mein Gott, warum hast Du mich verlassen? – dies könnte auch ein Wort von heute sein.

Ich denke an eine junge Frau, die ich gut kenne. Lange hat sie sich überlegt, ob sie einen Paraplegiker, einen Mann, der immer im Rollstuhl bleiben muss, heiraten soll. Aber sie liebte ihn. Sie heirateten, sie liebten sich, sie hatten es gut miteinander, sie waren glücklich. Sie hatten zwei reizende Kinder – und vor einem Monat stirbt plötzlich der Mann .
Nun ist die Frau allein mit ihren kleinen Kindern...mein Gott, mein Gott, warum hast du mich verlassen? – ja, da bleibt nur ein grosses „Warum??"

Vielleicht ist es ihnen auch so gegangen, dass Sie ein Schicksalsschlag getroffen hat;
Dass etwas sie erschüttert hat und sie verzweifeln liess.
- dass ein Angehöriger von Ihnen plötzlich krank wurde
- dass sie selber eine schlechte Diagnose erhalten haben
- dass Sie Ihre Arbeit verloren haben........

Karfreitag ist ein Tag der Erschütterungen.

Dieser Tag lässt keinen Stein auf dem anderen, wenn man ihn recht versteht. Der Karfreitag ist wie ein Erdbeben.

Im Matthäusevangelium, Kap. 27,51-52a, steht es so:

„Und siehe, der Vorhang des Tempels zerriss in zwei Stücke von oben an bis unten .
Und die Erde erbebte,
und die Felsen zerrissen, und die Gräber taten sich auf.“

Liebe Gemeinde

Ein gewaltiges Bild: der Vorhang zerreisst, die Erde bebt......

Was hier beschrieben wird ist schlimm.
Es steht stellvertretend für all das Schreckliche, das immer wieder auf unserer Welt geschieht.

Eigentlich hätte ich lieber positive Nachrichten. Schon in den Medien werden wir täglich mit traurigen Nachrichten überflutet. Und jetzt auch noch das.

Und doch: wenn wir ehrlich sind: Karfreitag ist ein ehrlicher und realistischer Tag. Erschütterungen, Risse und Brüche gehören zu unserem Leben. Und: der Karfreitag ist ganz nah bei jenen Menschen, die Risse und Brücke in ihrem Leben erlebt haben.

„Mich kann nichts mehr auf der Welt er-schüttern.“ Das sagte mir letzthin ein älterer Mann. *Nichts mehr auf der Welt kann mich erschüttern.“* Das tönt einerseits abgeklärt.
Aber auf der anderen Seite auch schade. -Was ist so toll daran, unerschütterlich und cool zu sein? Es gibt doch kein Leben ohne Erschütterungen. Ohne Risse. Ohne Scheitern. Ohne den Tod ....
Zum Glück aber lassen sich doch einige von uns erschüttern.

Erschütterungen und Erdbeben erleben wir immer wieder. Wenn wir sie nicht verdrängen. Manchmal kommen sie ganz nahe, treffen auch uns.
Wie gesagt: Vielleicht haben sie selber in letzter Zeit eine Erschütterung erlebt: etwas, das sie durcheinanderbrachte, etwas, das sie umwarf.

Karfreitag streicht unsere Bilder vom Menschen und von Gott.

Wenn ich mir Werbeplakate anschaue, dann sehe ich strahlende Bilder von Menschen: jung, stark, gesund, dynamisch, lächelnd und glücklich.

Das Kreuz an Karfreitag mutet uns ein anderes Bild zu: ein gebrochener Mensch, ohnmächtig, leidend. -
Ein Bild, das uns daran erinnert, wozu Menschen fähig sind.

In einer Gesellschaft, in der Leiden und Tod verdrängt werden, wird das Bild eines Gekreuzigten zur Provokation. Aber wir brauchen genau dieses Bild, um menschlich zu bleiben.
Nur wenn wir uns erinnern lassen an unsere Zerbrechlichkeit, an Leiden und Tod, bleiben wir human.
Nur wenn Krankheit und Tod auch einen Platz haben in unserem Leben, bleiben wir menschlich.

Wer Karfreitag verstehen will, der muss den Panzer der Unerschütterlichkeit ablegen. Muss näher treten: ans Kreuz, ans Leiden.......und sich berühren lassen. Ich weiss, wir können uns nicht von allem Leiden auf dieser Welt wirklich berühren lassen – das würde unsere Kraft übersteigen.

Das Erbeben der Erde, das Zerreißen der Felsen. Der Karfreitag hat eine klare Botschaft: Du kommst im Leben nicht ohne Erschütterungen aus. Aber Gott ist bei denen, die ein zerbrochenes Herz und ein zerschlagenes Gemüt haben.
Und Kirche ist nur Kirche, wenn sie die Nähe jener Menschen sucht, die sich ausgebrannt und leer fühlen.

Und zum Schluss: es bleibt nicht bei Karfreitag. Auf Karfreitag folgt Ostern. Auf die Dunkelheit folgt neue Hoffnung.
Ich erinnere mich an eine Blume, die mitten aus einer Steinmauer hervorwuchs. Aus dem Dunklen, aus dem Unwegsamen wächst neues Leben. Wenn wir das Dunkle und das Schwierige ausgestanden haben, fängt neues Leben an. Und neue Hoffnung blüht auf.

GOTTESDIENST ZU

OSTERN

Ich will ihnen einen kurzen Text zu Ostern vorlesen:

Trotzdem

tägliche Hiobsbotschaften
himmelschreiende Ungerechtigkeiten,
Misstrauen, Einsamkeit, Krankheit
Unterdrückung, Krieg

doch mitten drin
blühen Blumen
lacht die Sonne, grünt die Welt
das Leben trotzt dem Tode
überwindet ihn
Ostern.

von *unbekannt*

Liebe Gemeinde,

das trotzdem –der Titel des Textes von vorhin- ist mir in den Ohren hängen geblieben. Ostern ist das Fest, das trotzdem gefeiert wird: trotz Kreuz, Leid und Tod.
Trotz allem Dunklen und Schwierigen, wird das Fest des neuen Lebens gefeiert.

Ich lese Ihnen dazu die Ostergeschichte aus dem Matthäusevangelium vor (Mat. 28, 1-8):

1 Nach dem Sabbat, beim Anbruch des ersten Wochentages, kamen Maria
aus Magdala und die andere Maria, um nach dem Grab zu sehen. 2 Und
siehe da: es gab ein starkes Erdbeben, denn ein Engel des Herrn stieg vom
Himmel herab, wälzte den Stein weg und setzte sich darauf.
3 Seine Erscheinung war wie ein Blitz, und sein Gewand weiss wie Schnee.
4 Die Wächter zitterten vor Angst und erstarrten.
5 Der Engel aber sagte zu den Frauen: fürchtet euch nicht!
Denn ich weiss, ihr sucht Jesus, den Gekreuzigten. 6 Er ist nicht hier, denn
er ist auferweckt worden, wie er gesagt hat. Kommt, seht die Stelle, wo er
gelegen hat. 7 Und macht euch eilends auf den Weg und sagt seinen
Jüngern, dass Jesus vom Tod auferweckt worden ist. 8 Und die Frauen
gingen eilends weg vom Grab voller Furcht und mit grosser Freude
und liefen, um es seinen Jüngern zu berichten.

In diesem Text kommen drei Bilder vor. Lassen sie uns diese näher anschauen:

Erstes Bild: Zuerst ist hier die Rede von einem Erdbeben:
Ein Erdbeben erschüttert alles: Häuser stürzen ein, Menschen werden begraben - der Boden, der uns trägt, hält nicht mehr – ein schreckliches Gefühl.

Aber es muss ja nicht nur ein Erdbeben im buchstäblichen Sinn sein. Erschütterung, Bedrohung des Lebens – das erleben wir auch sonst. Vielleicht ist es ihnen so gegangen, als sie bei einem Arzt ihre Diagnose erhielten. Eine schlechte Diagnose kann wie ein Erdbeben sein, das einem den Boden unter den Füssen wegzieht und das ganze Leben durcheinanderbringt.
Oder ein Mensch, den sie liebten, ist plötzlich verstorben......da ist Trauer, Wut , Ohnmacht – der Boden wird einem unter den Füssen hinweggezogen.

Ich denke aber auch an die weltweite Covid-Krise, die viele Menschen erschüttert hat, ihnen den Boden unter den Füssen weggezogen hat.

Auch die Ostergeschichte beginnt mit einem Erdbeben – damit, dass das Bisherige durcheinandergeschüttelt wird. Die niedergeschlagenen und verängstigten Frauen werden noch mehr durcheinandergebracht.
Aber wenn Neues entsteht, kann das Alte nicht bleiben. Es

wird aufgebrochen, durcheinandergeschüttelt – wie die Frauen. Ohne Aufbruch, ohne Krise, gibt es kein neues Leben. Wenn wir aber bereit sind, Krisen durchzustehen, uns verändern zu lassen, dann kann neues Leben entstehen.

Zweites Bild
Ein Engel erscheint. Mitten in dieses Erdbeben hinein erscheint ein Engel und sagt zu den Frauen: fürchtet euch nicht! Vielleicht haben sie das auch schon erlebt: da waren sie in einer grossen Krise und plötzlich spürten sie in sich eine neue Kraft, die ihnen wieder Lebensmut schenkte . Oder sie waren verzweifelt und plötzlich erschien ein Mensch, der sie unterstützte und ihnen zur Seite stand. Auch Menschen können Engel sein.
– Fürchtet euch nicht – mitten in die grösste Verzweiflung und Dunkel-heit spricht der Engel auch in der Weihnachtsgeschichte diese Worte.

Drittes Bild
Der Engel verkündet den Frauen, dass Jesus auferweckt worden sei. Heutzutage haben viele Menschen Mühe mit der Vorstellung von leiblicher Auferstehung. Aber ich denke, die Kraft, die im Osterereignis steckt, ist geblieben.

Lassen Sie mich dazu ein Gedicht von Wilhelm Wilms 3) vorlesen:
Steh auf, wenn dich etwas umgeworfen hat.
Steh auf, gerade, wenn du meinst, du könnest nicht aufstehen.
Der stein vor deinem grab wird sich von selbst fortbewegen.
Mach alle Ostergeschichten wahr
Und frage nicht, ob sie wahr sind
Probier sie aus
Ob sie auf dich passen.
Probier sie aus
Dann wirst du sehen
Es sind Wahrheitsgeschichten.

---

3) aus: Wilhelm Wilms, der geerdete himmel, Butzon & Bercker GmbH, Kevelaer, 7. Aufl. 1986

Ostern und Auferstehung- dies soll nicht eine Geschichte in der Vergangenheit bleiben. Ostern soll sich immer wieder in unserem Leben ereignen – dies die Aussage dieses Gedichtes.
Vielleicht haben sie es selbst auch schon erfahren: zum Beispiel nach dem Aufwachen aus der Narkose, beim ersten Aufstehen nach der Operation. Dieses schmerzlich schöne, dem Leben wieder zurückgegeben-zu -sein. Das Leben wieder intensiv zu spüren.

Ostern findet täglich statt – im Kleinen wie im Grossen:
Wenn wir immer wieder neu anfangen, nach jedem Karfreitag - weil mitten in der Nacht und Dunkelheit der neue Tag beginnt.
Wenn wir darauf setzen, dass nicht nur das Böse, sondern auch das Gute eine ansteckende Kraft hat.
Wenn wir uns nicht unterkriegen lassen von der täglichen Nachrichtenflut über Krieg, Not und Elend, sondern trotzdem an das Leben glauben und tun, was in unserer Macht steht.

Ob es Ihnen wohl auch manchmal so geht wie mir?
Ich wünsche mir öfter ein Leben ohne Schwierigkeiten und Probleme – ein Leben, das so problemlos wie ein Bach vor sich hinplätschert.
Aber gerade bei meiner Arbeit im Spital merke ich, dass dies fast nicht möglich ist. Immer wieder gibt es Probleme, Schwierigkeiten, die zu überwinden sind: seien es Krankheiten, die unser Leben überschatten, oder Verluste von Personen, die wir liebten......
Ostern ist nur zusammen mit Karfreitag möglich – aber doch:
kein Tod, keine Dunkelheit muss ewig dauern; ein neuer Anfang ist möglich.
Gott hilft uns aufzustehen, das Todbringende in unserem Leben zu überwinden, uns dem Leben zuzuwenden.

Und auch am Ende unseres Lebens gibt Gott uns die Kraft, dem Tod ins Auge zu schauen und ihn zu überwinden.

Mögen auch wir die Erfahrung machen, dass sich Ostern immer wieder in unserem Leben ereignet, dass Dunkelheiten und Schwierigkeiten in unserem Leben überwunden werden können.
Und mögen wir so erfahren, dass das Leben stärker ist als der Tod.

GOTTESDIENST ZU

PFINGSTEN

Als Einstimmung lese ich ihnen einen Text zu Pfingsten vor, der als Gebet geschrieben ist.

Pfingstgebet

Du göttliche Schöpfungskraft
du gibst allem Seienden neues Leben.
Du erschaffst die Welt in jedem Augenblick neu.
Erneuere uns und alles Leben um uns, heilende Schöpfungs-kraft.
Gib der Erde neue Lebenshoffnung
wie am ersten Tag der Schöpfung.
Erfülle auch uns mit neuem Leben
wie am Tag unserer Geburt.
Umgib uns mit deiner lebensschaffenden Kraft
und lass sie durch uns hindurchfliessen,
damit wir in Mitgefühl, Frieden und Gerechtigkeit
den Weg unseres Lebens gehen können.

amen

Musik

Liebe Gemeinde,

Was bedeutet Pfingsten für sie?
Das fragte letzthin eine Journalistin einige Passanten. Die Antworten lauteten:
- Drei Tage Familienschlauch
-- Pfingsten – das Fest, an dem man keine Geschenke bekommt
- Pfingsten – ist das nicht 40 Tage nach Ostern?

Ja, was bedeutet Pfingsten?

Pfingsten ist das Fest, an dem der heilige Geist die Jünger erfasste. Es ist das Fest, an dem die verzagten und entmutigten Jünger vom Heiligen Geist erfasst wurden.
Und weil wir Geist und Wind nicht sehen können- ist dies ein Fest, das wir uns schwer bildhaft vorstellen können.

Ich will ihnen nun aus der Apostelgeschichte die 8 Verse über Pfingsten vorlesen:

*1 Als der Tag des Pfingstfestes gekommen war, waren alle Jünger
zusammen am selben Ort. 2 Da kam plötzlich vom Himmel her ein
Brausen, wie wenn ein heftiger Sturm daherfährt, und erfüllte das ganze
Haus, in dem sie saßen. 3 Und es erschienen ihnen Zungen wie von Feuer,
die sich verteilten; auf jeden von ihnen ließ sich eine nieder. 4 Und alle
wurden vom Heiligen Geist erfüllt und begannen, in anderen Sprachen zu
reden, wie es der Geist ihnen eingab. 5 In Jerusalem aber wohnten Juden,
fromme Männer aus allen Völkern unter dem Himmel. 6 Als sich das
Getöse erhob, strömte die Menge zusammen und war ganz bestürzt; denn
jeder hörte sie in seiner Sprache reden. 7 Sie waren fassungslos vor
Staunen und sagten: Seht! Sind das nicht alles Galiläer, die hier reden?
8 Wieso kann sie jeder von uns in seiner Muttersprache hören?*

Apg. 2,1-8

An Pfingsten ist also zweierlei geschehen:
Erstens: die verzagten Jünger bekommen wieder neuen Mut
Zweitens: alle Menschen, die in vielen verschiedenen Sprachen sprechen, verstehen sich.
Pfingsten- das Fest, an dem Menschen aus ganz unterschiedlichen Gebieten mit ganz verschiedenen Sprachen einander verstehen.

Die Sprache ist ein wichtiges Instrument, -
um sich mitzuteilen –
und um einander zu verstehen.
Vielleicht ist es Ihnen auch schon passiert, dass Sie in einem fremden Land waren und die Sprache überhaupt nicht verstanden. Da kommt man sich manchmal ganz schön hilflos vor.
Die Sprache ist ein wichtiges Instrument, um einander zu verstehen. – Ohne gemeinsame Sprache können wir uns schlecht verständigen

oder wir müssen eine neue Sprache erfinden, zum Beispiel die Zeichensprache. Auch mit ihr ist, falls zwei Menschen sich darauf einlassen, eine Verständigung möglich.

Manchmal gibt es aber auch eine *nonverbale* Sprache, die viel tiefer geht, als wenn wir miteinander sprechen. Ich denke hier an die Intensivstation: da kommt ein Mann, berührt seine Frau, die da liegt und nicht sprechen kann – aber die Berührung spürt sie - ....Vielleicht haben Sie es auch schon erlebt , vielleicht sogar hier im Spital, als es Ihnen nicht gut ging und plötzlich fasste jemand ihre Hand an, berührte sie.
Jemanden anfassen, jemanden berühren- eine Sprache, die ganz andere Schichten berührt als das Sprechen. Wenn Menschen nicht mehr reden können, ist das die einzige Sprache, die uns bleibt und die sehr wirksam sein kann.

Die Sprache ist ein wichtiges Instrument, -
um sich mitzuteilen –
und um einander zu verstehen.
Wir können einander aber nur verstehen, wenn wir auch zuhören können.

Häufig können wir gar nicht mehr in Ruhe zuhören. Wir sind unruhig, mit uns und den vielen Zerstreuungen um uns beschäftigt.
Grundlage, dass wir auch Menschen zuhören können scheint mir, dass wir zuerst lernen, still zu werden, zu schweigen, zu hören. Schweige und höre – so lautet ein Liedanfang : einfach einmal da sein, schweigen – in unserer hektischen Welt gar nicht so einfach.
Dieser Gedanke ist aber keine neue Erfindung, sondern kommt schon im 6. Jahrhundert vor.

„Hör zu"- so lautet schon der Anfang der Mönchsregel der Benediktiner: „Hör zu"- einfach einmal still werden, hören.

Solches Hören-können ist eine Kunst. Ich muss mich selber zurücknehmen, still werden, dem anderen Raum geben.

Gerade wenn man im Spital liegt, hat man häufig mehr Zeit, um still zu werden, um zu hören. Und manchmal kommen da ganz neue Gedanken.

Hör zu – das gilt auch im Alltag, im Gespräch mit anderen Menschen. Wir können andere nur verstehen, wenn wir uns auch bemühen, zuerst

zuzuhören, uns einzulassen: auf die Gedanken des andern, auf die Welt unseres Gegenübers.
Können wir noch zuhören, uns einlassen, auf andere, aber auch auf uns?

Einander verstehen bedeutet nicht unbedingt, auch die gleiche Meinung zu haben. Wo Menschen zusammenleben, gibt es verschiedene Meinungen, Konflikte. Wir kommen nicht weiter, wenn wir diese Meinungsverschiedenheiten verleugnen; es hilft auch nichts, wenn wir diesen ausweichen.
Besser ist, wir lernen, uns mit diesen verschiedenen Meinungen auseinanderzusetzen und einen Weg zu finden, der für alle gangbar ist.

Ich will ihnen dazu ein Gedicht von Max Feigenwinter 4) vorlesen:
Wenn du und ich
Wir alle
Trotz
Verschiedener Meinungen und Ansichten,
verschiedener Werte und Religionen
verschiedener Herkunft und Hautfarbe
verschiedener Absichten und Ziele
zusammensitzen
miteinander reden
aufeinander hören
voneinander lernen
füreinander da sind,

geht manches leichter
wird vieles schöner
gelingt alles besser:
Neues wird möglich
durch uns.

Miteinander reden – aufeinander hören – voneinander lernen.

Pfingsten macht uns Mut, einander zu verstehen. Dabei geht es um die Gabe, zuzuhören, andere verstehen zu wollen.
Es geht aber auch darum, so zu reden, dass die anderen mich verstehen.

Gott schenke uns immer wieder seinen Geist, der uns Kraft gibt.
Er ermutige uns mit seinem Geist, dass auch heute, in unserer vielschichtigen Welt, Verstehen möglich wird.

---

4) Aus: Max Feigenwinter, Wage zu leben – trotz allem, 1993, noah-verlag, Oberegg, 2. Auflage

GOTTESDIENST ZUM THEMA

BETEN SIE?

Liebe Gemeinde

Ich will Ihnen zum Anfang gleich eine Frage
stellen: beten Sie?
Und wenn Sie beten – wie beten Sie?

Ich will Ihnen ja nichts unterstellen; aber beten sie vielleicht ähnlich wie dieser Mann oben?

Lieber Gott
ich wünsche mir ein neues Auto und
eine Frau, die besser kochen kann wie die jetzige. amen

Beten Sie darum, dass Gott ihre Wünsche erfüllt?

Oder beten Sie vor allem dann, wenn Sie in Not sind? Wenn Sie krank sind, oder wenn sie in einer ausweglosen Situation sind oder...........

Ja, beten wir überhaupt? Und wenn wir beten, wie beten wir?

Und was heisst Beten, wenn wir die Bibel anschauen?

Wenn wir die Psalmen anschauen, dann ist es klar, was beten heisst: beten heisst hier:
meine Gefühle vor Gott bringen.
Oder mit anderen Worten: meine Freude, meine Wut, meine Trauer vor Gott ausdrücken.
Denken sie nur an den Anfang von Psalm 22: „mein Gott, mein Gott, warum hast du mich verlassen?
Ich stelle mir vor, dass solches Beten im Spital nahe liegend ist: wenn wir krank sind, werden wir mit so vielen Gefühlen konfrontiert: mit Freude, Trauer oder Wut.......

Eberhard Jüngel, ein bekannter Theologe umschreibt beten so:
Beten heisst, Gott bittend, dankend und klagend anrufen, um in solcher Anrufung Gottes über sich selbst herauszugehen.
So ist es: beten heisst nicht, sich selbst reden hören:

Beten ist ein Herausgehen, ein Herauswachsen über sich selber.

Einen anderen Aspekt des Betens sieht Benedikt von Nursia:
„Hör zu“ so lautet der Aufruf am Anfang der Mönchsregel der Benediktiner. Benedikt wusste, warum er diesen Aufruf an den Anfang der Mönchsregel stellte: hören, zuhören ist der erste Schritt. Benedikt spricht von einem Horchen mit dem „Ohr des Herzens.“ Solches hören-können ist eine Kunst; ich muss mich selbst zurücknehmen und der andern Dimension Raum geben.

Vielleicht ist dies gerade die Chance, wenn wir krank sind und im Bett liegen: wir haben Zeit zum still sein; zum hören, um dieser anderen Dimension Raum zu gehen.

Auch Sören Kierkegaard 5) umschreibt das Beten so:

„Ich meinte erst, beten sei Reden.
Ich lernte aber, dass beten schweigen ist und hören.

So ist es: beten heisst nicht, sich selbst reden hören:

beten heisst still werden und still sein und warten, bis der Betende Gott hört.“
Können wir es noch – inmitten all der Stimmen, die uns umgeben – still werden und hören?

Wir wollen nun eine Weile still werden und auf die Musik hören, die uns die Musikerinnen vorspielen.

Beten heisst still werden und hören.
Und doch heisst beten nicht einfach schweigen und horchen und dann die Hände in den Schoss legen.
Nach dem Hören kommt auch das Handeln. Nach der Meditation folgt die Aktion.
Ich will ihnen dazu eine Geschichte von Helder Camara 6) vorlesen:

Zwei Lastkutscher kamen mit vollgeladenen Karren einher. Die Wege waren verschlammt und beide Karren fuhren sich fest. Einer der beiden Kutscher war fromm.
Er fiel im Schlamm auf die Knie und begann, Gott darum zu bitten, er möge ihm helfen. Er betete, betet ohne Unterlass und betrachtete dabei den Himmel.
Währenddessen fluchte der andere, arbeitete aber. Er suchte sich Zweige, Blätter und Erde zusammen. Er schlug auf den Esel ein. Er schob am Karren. Er schimpfte, was das Zeug hielt.
Und da geschieht das Wunder: Aus der Höhe steigt ein Engel nieder.
Zur Überraschung der beiden Kutscher kommt er aber demjenigen zu Hilfe, der geflucht hat. Der Mann ist ganz verwirrt und ruft aus: "Entschuldige, das muss ein Irrtum sein. Sicher gilt die Hilfe dem anderen."
Aber der Engel sagt: "Nein, sie gilt dir. Gott hilft dem, der arbeitet."

Gott hilft dem, der arbeitet- Beten heisst nicht einfach passiv da sein und warten, bis Gott für uns handelt. Da, wo wir etwas tun können, müssen wir es selber tun.

Nicht immer können wir etwas tun. Es gibt auch Situationen, die wir nicht ändern können, die wir aushalten müssen.
Aber auch da gibt es die Möglichkeit zum Gebet.
Im ehrlichen Mit-leiden formt sich alles zur **Fürbitte.** Beten heisst dann: mittragen, mitleiden, mitgehen. Das Fürbittegebet ist dann eine Haltung, in der ich die Leiden der Welt wahrnehme, ihnen Raum gebe und sie mittrage.

Beten hat viele Facetten: es heisst, still werden und hören, aber auch handeln. Beten ist ein Hinauswachsen über sich selber. Beten heisst aber auch mittragen und mitleiden.

Mögen wir so immer wieder erfahren, dass beten uns verändern, uns neue Kraft und Hoffnung schenkt.

---

5) Aus: Jörg Zink, Wie wir beten können, Kreuz Verlag, Stuttgart, 1970

6) Aus: Die Blumen des Blinden, hrsg.L. Graf und andere, Kaiser Verlag, 1983

GOTTESDIENST ZUM THEMA

DANKEN

Liebe Gemeinde

Ich will Ihnen zuerst eine Szene aus dem Alltag schildern :Als ich letzthin mit dem Bus vom Flughafen nach Hause fahren wollte, ereignete sich folgendes: der Bus wollte abfahren, eine Frau wollte noch einsteigen, der Buschauffeur hielt extra nochmals an, die Frau stieg ein – aber kein Wort des Dankes.
Dann nochmals die gleiche Szene mit einem Mann – auch kein Wort des Dankes. Vielleicht bin ich noch altmodisch erzogen – oder habe zu hohe Ansprüche, aber das ganze hat mich etwas erschüttert. Ist für viele Menschen einfach alles selbstverständlich?? Haben wir vergessen, dankbar zu sein und zu danken?

Eine ähnliche Szene wird auch in der Bibel in Lukasevangelium beschrieben; ich lese ihnen den Text vor:
Lk. 17, 11-19
11 Auf dem Weg nach Jerusalem zog Jesus durch das Grenzgebiet von Samarien und Galiläa. 12 Als er in ein Dorf ging, kamen ihm 10 Aussätzige entgegen. Sie blieben in gehörigem Abstand stehen 13 und riefen laut: Jesus, Herr, hab Erbarmen mit uns. 14 Jesus befahl ihnen: geht und zeiget euch den Priestern.

Sie gingen und unterwegs wurden sie gesund. 15 Einer aus der Gruppe kehrte zurück als er es merkte. Laut pries er Gott, 16 warf sich vor Jesus nieder und dankte ihm – 17 Jesus antwortete: zehn habe ich geheilt. Wo sind die andern neun? 18 Warum sind sie nicht auch zurückgekommen, um Gott zu danken? 19 Dann sagte er zu dem Mann: steh auf, und geh nach Hause, dein Vertrauen hat dich gerettet.

Liebe Gemeinde,

ich weiss nicht, ob sie das auch schon erlebt haben; dass sie jetzt oder ein anderes Mal von einer schweren Krankheit geheilt worden sind. – Geheilt, wie diese zehn Männer hier, die eine schlimme Krankheit gehabt haben. Lepra – eine scheußliche Hautkrankheit, die den Körper eines Menschen zerstört - und seine Seele damit auch. Denn Lepra ist nicht nur scheußlich, sondern auch ansteckend. Wer lepra-krank war und ist, wurde ausgesetzt. Und wer ausgesetzt werden muss, der gehört nicht mehr dazu; der ist aus der Gemeinschaft ausgegrenzt, ausgestossen.

Wenn wir nun diese Geschichte aus der Bibel näher anschauen, erstaunt es schon, dass nur einer von zehn Männern umkehrt und dankt. Zehn Männer haben eine ganz schreckliche Krankheit gehabt, sie werden geheilt und nur einer kehrt um und bedankt sich. **Danken-** das ist das Thema, über das ich heute mit Ihnen nachdenken möchte.

Häsch scho danke gsait – so habe ich jeweils meine Kinder gefragt. Aber eigentlich sollte man ja nicht so fragen müssen –eigentlich sollte ein Dank direkt und spontan aus dem Herzen kommen. Ich freue mich über etwas und bedanke mich dafür.

Manchmal frage ich mich, ob wir nicht eine undankbare Gesellschaft sind. Können wir uns noch richtig freuen und dankbar sein? Oder ist alles selbstverständlich geworden? Das, was wir zum Leben brauchen haben die meisten von uns: zu essen, ein Dach über dem Kopf, Kleider- Grund zur Dankbarkeit. - Viele Menschen wollen aber immer noch mehr besitzen, weil sie nicht dankbar sein können für das, was sie schon haben: eine grössere Wohnung, ein neueres Haus, ein teureres Auto..........immer noch mehr.

Danken ist eine Haltung, die Hände öffnet. Wer dankt, empfängt, was gegeben wird. Dank bejaht Leben. Dankbarkeit ist Aufmerksamkeit und Achtsamkeit. Wer in dieser Haltung lebt, geht nicht einfach am Birnbaum, der Früchte trägt, vorbei. Die Ameise, die über die Schuhe klettert, muss von einem dankbaren Menschen nicht fürchten, zerquetscht zu werden. Dank sieht im Leben mehr als eine chemische Verbindung. Wer danke sagt, bringt damit den Glauben zum Ausdruck, Wesentliches im Leben sei ein Geschenk und nicht ein Erzeugnis. Danken ist eine Haltung, die Hände öffnet. Wer in einer dankbaren Haltung lebt, kann nehmen, aber auch geben. Danken ist eine Haltung, die der Gesellschaft und dem Staat Halt geben.

Für viele Menschen heisst heute die Devise aber nicht unbedingt danken, sondern denken.
Die vielen Errungenschaften unserer Zivilisation geben uns doch das sichere Gefühl: Wir haben unser Schicksal in der eigenen Hand:
- Krankheiten, die einst tödlich waren, sind heute heilbar, andere können wir kontrollieren. Wir haben Antibiotika und sterile Operationssäle; kranke Organe können ausgewechselt werden.
- Gegen Lawinen, Überschwemmungen und andere Naturgewalten schützen uns immer perfektere Verbauungen. Eine Versicherung haben wir ohnehin.
Für viele Menschen heisst die Devise darum: nicht danken, sondern denken.

Vielleicht haben wir uns aber doch getäuscht: Trotz aller Fortschritte in Medizin, Technik und Politik haben wir längst nicht alles unter Kontrolle. Ob ein Sturm wie Lothar, ob Covid, Aids, Krebs oder Alzheimer - ständig werden wir auch mit unseren Grenzen konfrontiert.
Trotz aller persönlichen, wissenschaftlichen und politischen Vorsorge merken wir, dass wir nicht alles im Griff haben.
Eine Krankheit trifft uns plötzlich und unerwartet, obwohl wir immer gesund gelebt haben. Ein Bekannter von uns stirbt bei einem Verkehrsunfall, obwohl er immer vorsichtig gefahren ist.

Aber es gibt ja nicht nur Dunkles und Schwieriges auf dieser Welt, es gibt auch viel Schönes zu entdecken: Es ist nicht selbstverständlich, dass der Birnbaum jedes Jahr wieder blüht und Früchte trägt. Ein Grund zur Dankbarkeit. Es ist nicht einfach nur unser Verdienst, wenn wir gesund sind oder wenn wir wieder genesen von einer Krankheit.

Können wir da noch dankbar sein, „danke“ sagen?

Lassen sie mich mit einem Bespiel schliessen:
Ich erinnere mich an eine Kollegin, die seit ihrer Jugendzeit behindert war. Sie war der fröhlichste Mensch. Wer mit ihr zu tun hatte, wurde sehr bald angesteckt von ihrem aufgestellten Wesen. – Jahrelang sei sie verzweifelt gewesen, voll Wut und Verbitterung über ihr Schicksal. Mit der Zeit aber

habe sie gelernt, es anzunehmen -. Ja, in ihrer Behinderung ihre ganz besondere Aufgabe und Chance zu sehen.

Daraufhin beschloss sie, künftig jeden Morgen als erstes einfach dankbar zu sein – für all das zumindest, was sie zur Verfügung hatte. Sie erzählte: „Mein Leben wurde von da an weiter, reicher und farbiger. Es erhielt einen neuen Geschmack. Ich stellte zudem fest, dass auch das verletzende und Unangenehme seither für mich nicht mehr ein so grosses Gewicht erhielten."

Vielleicht versuchen auch wir es einmal mit der Haltung der Dankbarkeit. Jeden Morgen als erstes die Welt mit den Augen der Dankbarkeit betrachten. So wie es auch Paulus im Brief in die Kolosser schreibt: euer ganzes Leben soll ein einziger Dank sein.

GOTTESDIENST ZUM 1. GEBOT

DU SOLLST KEINE ANDEREN GÖTTER HABEN

Liebe Gemeinde

Ich habe Ihnen hier ein Verkehrssignal mitgebracht.
Einfahrt verboten, so heisst es heute korrekt.
Aber ich möchte ja nicht mit Ihnen über Verkehrssignale reden, sondern über den Sinn solcher Signale.
Ein solches Signal leitet den Verkehrsteilnehmer schreibt einem Autofahrer etwas vor, aber es erleichtert dadurch auch den Verkehrsfluss auf den Strassen.

Wo Menschen zusammenleben, braucht es bestimmte Regeln – nicht nur im Strassenverkehr! Wo keine Gesetze vorhanden sind – ob geschrieben oder ungeschrieben – da wird alles willkürlich. Da fällt eine Gesellschaft auseinander.
Regeln braucht eine Gesellschaft aber auch darum, damit Schwächere geschützt werden.

Auch in der Bibel gibt es eine Reihe von Geboten und Gesetzen. Eines der bekanntesten sind die zehn Gebote.
Als die Israeliten damals aus der ägyptischen Sklaverei ausbrachen, gab ihnen Gott diese Gebote mit auf den Weg.
Vor rund 2000 Jahren haben die Christen die zehn Gebote übernommen und die Kirche hat ihre Geltung bis heute bewahrt.
Unzählige Staaten haben ihre Rechtssysteme nach den zehn Geboten geordnet.
Diese Gebote sind also sehr grundlegend. Und so möchte ich heute mit ihnen das erste Gebot anschauen.
Erinnern sie sich noch daran? Es heisst:
Du sollst keine anderen Götter haben neben mir.

Luther hat einmal gesagt: **Gott ist das, woran einer sein Herz hängt.**

Woran aber hängen wir unser Herz? Sicher ist das nicht bei jedem von uns gleich, aber ich will drei Beispiele heraus-greifen, woran viele Menschen ihr Herz hängen.

1. Schauen sie sich die **Werbung** an. Da wird uns vorgegaukelt, nur Jugend und Schönheit seien begehrenswert.
Wer älter oder krank ist, kommt kaum in der Werbung vor.
Kommt es wohl daher, dass viele Menschen Mühe haben, älter zu werden? Dabei hat doch das Alter durchwegs auch seine schönen Seiten. In anderen Kulturen sind ältere Menschen sogar häufig sehr geachtet.

Gott ist dort, woran man sein Herz hängt.

Ein zweites Beispiel:
In unserem Leben werden Schwächen oft nicht gezeigt: es ist wichtig, den Starken zu spielen.
So sagte mir letzthin ein Manager: ich kann doch meine Schwächen nicht zugeben – nein, das könnte bös ausgenutzt werden.
Wenn wir älter werden, werden wir häufig mit unseren schwachen Seiten konfrontiert: wir können zum Beispiel nicht mehr gut gehen, wir hören nicht mehr gut, wir haben da und dort Beschwerden. Häufig wird uns im Alter viel zugemutet: wir sind nicht mehr selbständig, wir müssen Hilfe in Anspruch nehmen........
Im 2. Korintherbrief sagt Paulus: Wenn ich schwach bin, bin ich stark. Er meint damit: gerade wenn ich schwach bin, ist Gott bei mir. Gott steht mir bei, gerade wenn es mir nicht gut geht.

Gott ist dort, woran man sein Herz hängt.

Vor genau 500 Jahren fand die Reformation statt.
Luther, Zwingli und andere wollten wieder die Bibel als Grundlage für das Christentum nehmen.
Mithilfe eines neuen und genauen Verständnisses der Bibel wollten sie das Christentum zu seinen ursprünglichen Formen zurückführen. Die Menschen sollten wieder an Gott glauben und nicht an Rituale oder kirchliche Vorschriften.

Gott ist dort, woran man sein Herz hängt.

Wo aber ist Gott heute zu finden?
Am Kreuz hat Gott gezeigt, dass er da ist, wo Menschen leiden. Gott ist da, wo Menschen auf der Schattenseite des Lebens stehen.

Lassen Sie mich dazu eine Geschichte erzählen: 7)

„Von einem chassidischen Rabbi (jüdischer Geistlicher) ging die Sage um, dass er jeden Morgen vor dem Frühgebet zum Himmel empor steige. Ein Gegner lachte darüber und legte sich auf die Lauer, um selber festzustellen, was der Rabbi am frühen Morgen trieb.
Da sah er: der Rabbi verliess als Holzknecht verkleidet sein Haus und ging in den Wald. Er sah den Rabbi ein Bäumchen umhauen und in Stücke hacken. Dann lud er sich das Holz auf den Rücken und schleppte es zu einer armen, kranken und einsamen Jüdin.
Im Haus drin kniete der Rabbi auf den Boden und heizte ein.
Als die Leute nachher fragten: nun, steigt der Rabbi wirklich zum Himmel? Da sagte der andere still: ja, sogar noch höher."

Gott ist da, wo wir uns Menschen zuwenden, denen es nicht gut geht.

Mögen wir so nicht falschen Göttern nachspringen, sondern dem lebendigen Gott begegnen.

---

7) Aus: Die Blumen des Blinden, hrsg.L. Graf und andere, Kaiser Verlag, 1983

GOTTESDIENST ZUM BETTAG

WER IST SCHULD?

Danket dem Herrn, denn er ist freundlich
und seine Güte währet ewiglich.

Liebe Gemeinde,

Einen dreifachen Namen trägt dieser dritte Sonntag im September, dieser Sonntag, der im schweizerischen Volksmund einfach Bettag genannt wird: Eigentlich heisst dieser Tag, wie sie bestimmt wissen, eidgenössischer Dank- Buss und Bettag. Zum ersten Mal fand er vor etwa 230 Jahren statt, am 8. September 1796. Sein eigentliches Gewicht aber erhielt der Bettag im Umfeld der Gründung des Bundesstaates im Jahr 1848.

Heute möchte ich mich dem mittleren Wort zuwenden, nämlich der Busse. Aber nicht im eigentlichen Sinn der Busse, sondern der Schuld.
Ich habe mich für dieses Thema entschieden, weil ich gerade im Spital immer wieder mit dieser Frage konfrontiert werde.
Da ist zum Beispiel die krebskranke Frau: was habe ich falsch gemacht, dass ausgerechnet ich Krebs bekommen habe? Habe ich ungesund gelebt? Zuviel Stress gehabt? Habe ich mich nicht richtig ernährt? Oder........
Bin ich schuld, habe ich etwas falsch gemacht, dass ich diese Krankheit bekommen habe?

Es sind quälende Fragen, die Menschen plagen, ob man eine Krankheit nicht hätte verhindern können. Und häufig sind sie auch nicht zu beantworten. Und vor allem: sie ändern auch nichts an meiner Krankheit – im Gegenteil.

Es gibt aber auch die andere Art mit Schuld umzugehen: nicht indem ich die Schuld bei mir suche, sondern indem ich die Schuld meinen Mitmenschen zuweise. Ich denke, dass dies in vielen Beziehungen so läuft:

„Mein Partner hat einen Fehler gemacht, nicht ich. Der andere hat den Streit angefangen nicht ich“. Du bist an dieser Misere schuld, ich kann nichts dafür!

Wer schuldig ist, wird bestraft. Darum ist es uns häufig ein Anliegen, uns selbst von Schuld freizusprechen und andern die Schuld zuzuschieben. Vielleicht erinnern sie sich an die Geschichte vom Sündenfall, die diese Thematik aufnimmt: Als Gott Adam zur Rede stellt, schuldigt er sofort Eva an und indirekt auch Gott: Nicht ich war es, sondern die Frau, die du mir gabst.
Und auch Eva weist die Schuld von sich: nicht ich bin schuld, sondern die Schlange hat mich verführt.“

Eine Schuld einzugestehen fällt häufig schwer – es ist einfacher, wenn der oder die andere schuld ist. So ist es doch häufig auch bei Ehestreitigkeiten: mich trifft keine Schuld, mein Partner ist schuld.

Vor langer Zeit kannte das jüdische Volk einen Sündenbock: jedes Jahr wurde an einem Fest, dem grossen Versöhnungstag, ein Ziegenbock mit der Schuld der Menschen beladen und in die Wüste geschickt. Er sollte alle Sünden und die Schuld der Menschen in die Wüste tragen, damit diese wieder frei waren.

Sündenböcke kennen wir aber auch in unsere Kultur: das kann ein einzelnes Mitglied in einer Familie sein, das anders ist als die andern. Häufig wird es auch als das „schwarze Schaf“ einer Familie bezeichnet. Aber auch ganze Völkergruppen können zu Sündenböcken werden: denken Sie nur an die Juden im 2. Weltkrieg, die damals, -laut Hitler und seinen Anhängern- daran schuld sein sollten, dass es dem deutschen Volk wirtschaftlich so schlecht ging.

Bei uns heute sind es zum Teil Flüchtlinge und Ausländer, die als Sündenböcke abgestempelt werden.

Schuld gehört zum Menschen. Häufig aber suchen wir die Schuld bei den andern und nicht bei uns selbst.

Musik

Schuld gehört zum Menschen. Häufig aber suchen wir die Schuld bei den andern und nicht bei uns selbst.

In eine solche Situation spricht das Bibelwort, das ich ausgewählt habe.
Lk. 6, 41-42: richtet nicht, damit ihr nicht gerichtet werdet
Hier steht:
41 Warum kümmerst du dich um den Splitter im Auge deines Bruders und bemerkst nicht den Balken in deinem eigenen Auge? 42 Wie kannst du zu deinem Bruder sagen: Komm her, Bruder, ich will dir den Splitter aus dem Auge ziehen und merkst gar nicht, dass du selbst einen ganzen Balken im Auge hast? Zieh erst den Balken aus dem eigenen Auge, dann kannst du dich um den Splitter im Auge deines Bruders kümmern.

Dieser Spruch von Jesus ermuntert uns zu einer anderen Optik. Er fordert uns auf, zuerst einmal auf uns zu schauen.
Statt unseren Zeigefinger auf andere zu richten, statt bei anderen die Schuld zu suchen, konfrontiert uns dieser Spruch mit uns selbst.
Was siehst du den Splitter - das kleine Ding - in deines Bruders Auge, aber den Balken im eigenen Auge siehst du nicht?
„Kehre zuerst vor der eigenen Tür" – so lautet auch eine bekannte Redewendung.
Dies bedeutet nicht, dass wir die Fehler oder Schwächen unserer Mitmenschen ignorieren sollen. Es heisst auch nicht, dass wir alle Schuld bei uns selber suchen sollen.
Den Balken im eigenen Auge sehen, das bedeutet: wenn Konflikte auftauchen, dann verurteile nicht sofort den andern. Schaue zuerst, wo dein Anteil ist.

Die Beschäftigung mit unserem Anteil ist häufig viel fruchtbarer, als wenn wir nur den Zeigefinger auf die andern richten.
Wer bei sich selber schaut, kann etwas an sich verändern. Wer nur auf die Fehler der andern schaut, bleibt davon abhängig, dass diese sich verändern.

Lassen Sie mich mit einem Wort von Martin Luther King schliessen:
„Auch im Schlechtesten von uns steckt etwas Gutes.
Und etwas Böses auch im Besten von uns.
Wenn wir das erkennen, sind wir weniger versucht, unsere Feinde zu hassen."

Printed by Books on Demand GmbH, Norderstedt / Germany